Seite 100

TSCHECHISCHE REPUBLIK

Seite 32

SLOWAKEI

OBERÖSTERREICH

Linz

Sankt Pölten

NIEDERÖSTERREICH

Wien

Eisenstadt

UNGARN

STEIERMARK

Seite 68

BURGEN-LAND

Graz

KÄRNTEN

Klagenfurt

Seite 42

SLOWENIEN

Seite 62

Seite 22

Bastle dich durch
ÖSTERREICH

SACHEN MACHEN

MELANIE

ROBERT

Hallo!

Wir sind Melanie und Robert und haben gemeinsam ein tolles Bastelbuch für dich zusammengestellt! Wir reisen mit dir durch Österreich und besuchen viele Sehenswürdigkeiten in unserem wunderschönen Land. Viel Spaß!

Robert Steiner kennst du bestimmt aus dem Fernsehen, vom Radio, von Podcasts oder auch aus der Zeitung. Immer wieder präsentiert er dort auch kreative Basteltipps. Dabei steht ihm **Melanie Steiner** als Bastelprofi schon einige Jahre eifrig zur Seite.

Gemeinsam haben die beiden Steiners, die übrigens weder verwandt noch verheiratet sind, in diesem Buch ganze **55 Anleitungen in je 3-4 Schritten** für dich vorbereitet.

Los geht's mit „Sachen machen"!

Jetzt geht's los!

ALLE SEITEN AUF EINEN BLICK

Tipps, Tricks und Infos:

SEI KREATIV!

SACHEN MACHEN zeigt dir Anleitungen, Möglichkeiten, Ideen und vieles mehr! Beim Basteln ist es jedoch wichtig, dass du auch selbst kreativ und mutig bist und deine eigenen Vorstellungen verwirklichst.

Diese Informationen helfen dir beim Aussuchen der geeigneten Bastelarbeiten:

Unsere Basteltipps sind in **3 Schwierigkeitsstufen** eingeteilt:
 leicht  mittel ✶✶✶ schwer

Das Jahreszeiten-Symbol verrät die beste Zeit für eine Bastelei:
🍂 Frühling 🍦 Sommer 🪁 Herbst 🕯 Winter

Manche Basteleien eignen sich besonders für spezielle Anlässe wie Ostern, Muttertag oder den Schulanfang. Besondere Geschenkideen erkennst du am Packerl-Symbol 🎁.

 Achtung, bei diesen Werkzeugen solltest du einen Erwachsenen um Hilfe bitten: Heißklebepistole, Cutter und Handbohrer.

 Wo du dieses Zeichen siehst, findest du ein Schnittmuster als Vorlage zum Abpausen auf den Buchseiten 122 und 123.

 Halte Ausschau nach der Wissensecke! Hier bekommst du von Robert coole Extrainfos zu ausgesuchten Themen.

DIE SACHE MIT DER UNTERLAGE

Um den **Tisch zu schonen,** decke deinen Bastelbereich immer mit Pack- oder Zeitungspapier, Plastikdecken oder Ähnlichem ab. Du brauchst **ausreichend Platz** für deine Kreativität, das ist wichtig!

DIE SACHE MIT DER MALSCHÜRZE

Vielleicht haben Mama oder Papa ein **altes T-Shirt** für dich übrig? Das sind die besten Malschürzen, die deine Kleidung und dich vor Farbklecksen schützen. Und vergiss nicht, den **Pinsel nach dem Malen auszuwaschen** und verkehrt mit dem Stiel in ein Glas zu stellen. Die Borsten wollen trocknen!

DIE SACHE MIT DER PALETTE

Den **Deckel von Eierkartons** kannst du nicht nur als Unterlage zum Malen verwenden, sondern auch um deine Kunstwerke trocknen zu lassen oder um deine Farben anzumischen.

PAPIER-SACHEN

Papier gibt es in verschiedensten Ausführungen. Oft ummantelst du deine Klopapierrollen mit buntem Papier. Das nennt sich **Tonpapier** und ist in allen Farben des Regenbogens im Bastelgeschäft zu bekommen. Festes Buntpapier wird **Tonkarton** genannt und hauchdünnes Papier heißt **Seidenpapier.** Zum Basteln eignet sich übrigens auch altes Zeitungspapier.

SAMMEL-SACHEN

Leere Klopapier- und Küchenrollen, Eierkartons, Korken, Verpackungskartons, leere Konservendosen (gib aber bei den scharfen Kanten acht!), alte Socken und Handschuhe, Stoffreste, Wolle und Reste von Garn, Dekobändern und Borten. Sammle und verstaue all deine Schätze am besten in großen Kartonschachteln.

NATUR-SACHEN

Schneckenhäuser, Äste und Zweige, Blumen, Zapfen, Eicheln, Steine, Walnüsse, Kastanien, Moose und Flechten. All das findest du bei einem Spaziergang durch den Wald in der Natur. Du kannst es für deine Basteleien verwenden.

DIE SACHE MIT DEN WACKELAUGEN

Deine Bastelprojekte brauchen nicht unbedingt **Wackelaugen**, um toll auszusehen! Hier einige „Augen-Ideen", falls du auf Plastik verzichten möchtest:

Papieraugen: Fertige mit einem runden Stanzer Papierkreise an oder schneide sie aus. Male die Pupillen und klebe sie auf!

Noch ein Tipp: Zeichne als Pupille eine runde Form. In diesen Kreis zeichnest du oben einen weiteren kleinen Kreis. Male nun den großen Kreis schwarz an, aber lasse den ganz kleinen Kreis weiß! Du wirst sehen, wie die Augen strahlen.

3D-Glubscher: Schneide einen Weinkorken mit einem Cuttermesser in beliebig dicke Scheiben und klebe dann Papieraugen auf.

MATERIAL-SACHEN

- Tonpapier
- Schere
- Kleber
- Filzstifte
- Buntstifte
- Bleistift
- Klebeband
- Heißklebepistole & Patronen
- Acrylfarben
- Wasserfarben
- Pinsel
- Nadeln
- Cuttermesser
- Handbohrer
- Lineal

Vorsichts-sachen ☆

CUTTERMESSER

So ein Messer hat eine **extrem scharfe Klinge!**
Du musst es also mit großer Vorsicht benutzen.

Tipp: Benutze es immer auf einer Schneidematte
oder einer dicken Unterlage. Lass das Messer nicht
offen liegen, sondern verstau es an einem sicheren
Ort und zieh die Klinge immer ganz zurück.

HEISSKLEBEPISTOLE

Für einige Basteleien benötigst du einen Kleber,
der **schnell trocknet.** Hier verwendest du am
besten eine Niedrigtemperatur-Klebepistole. **Lass
dir dabei immer von Erwachsenen helfen** und pass
auf deine Finger auf. Besondere Vorsicht: Die Me-
tallspitze der Klebepistole kann sehr heiß werden!

HANDBOHRER

Zum **Löcherbohren** kannst du einen Handbohrer
oder eine **Ahle** verwenden. Die Ahle sieht ein
bisschen wie ein Schraubenzieher aus, hat aber eine
scharfe Spitze. Man benutzt sie zum Vorbohren
von Löchern oder um Löcher in Karton zu bohren.

Sicherheitstipp: Die scharfe Spitze eignet sich
perfekt, um Löcher zu stechen, aber halte sie von
deinen Händen fern. Lege ein Brett oder etwas
Knetmasse unter dein Werkstück, damit du nicht
in deinen Tisch bohrst.

SCHERE

NADEL

Heißklebepistole Zusatztipps

1 Lass die Pistole erst ganz aufheizen,
bevor du zu kleben beginnst.

2 Manchmal tropfen Heißklebepistolen,
wenn sie gerade nicht benutzt
werden. Lege sie also auf eine Matte
oder stelle sie in eine Halterung,
damit deine Arbeitsfläche sauber
bleibt.

3 Benutze nur wenig Kleber.

4 Achte darauf, dass du genug Ersatz-
Klebesticks zur Hand hast.

5 Stecke die Heißklebepistole unbedingt aus, wenn du fertig bist.

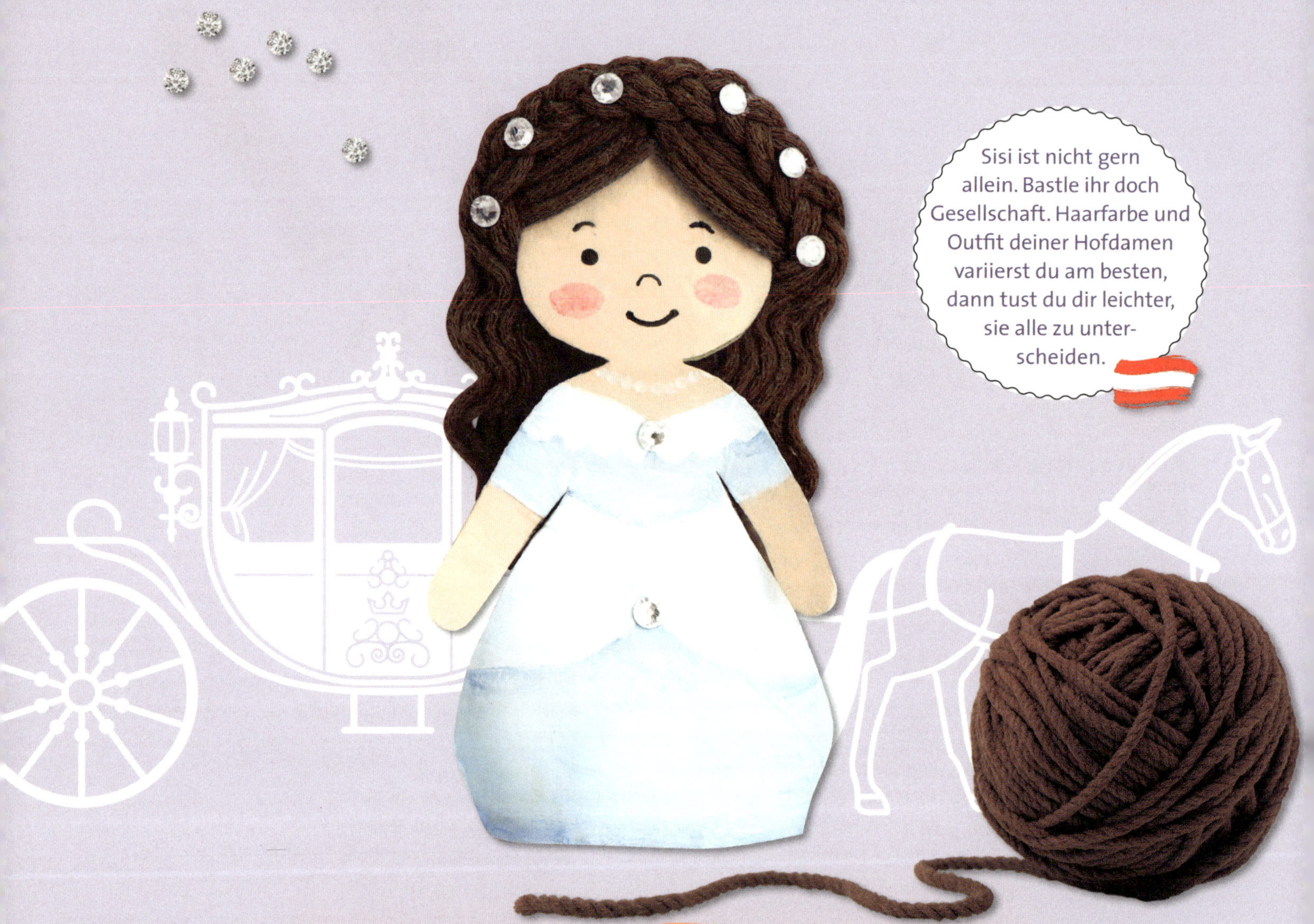

Lang lebe Sisi!

ÖSTERREICHS ERSTE KÜCHENROLLEN-KAISERIN

Material
Küchenrolle
Schere
Farbe & Pinsel
Kleber
Glitzersteine
Wolle
Stift

„Welch' freudiges Ereignis", jubeln die Hofdamen. Wiens beliebteste Kaiserin ist wieder da!

Reise durch die Zeit und schreib die Geschichte neu! Erwecke Sisi, Kaiserin Elisabeth, zu neuem Leben und kreiere für sie das schönste Outfit des gesamten Landes. Hilf ihr bei der Wahl des Kopfschmucks und entscheide, welches Kleid sie zum abendlichen Ball tragen soll.

Schnitt-vorlage auf Seite 123

1

Drücke eine leere Küchenrolle flach zusammen und male die Silhouette der Kaiserin darauf. Schneide die Figur – wie auf dem Foto – sorgfältig entlang der Linien aus.

2

Klebe die Laschen an der Unterseite deiner Figur zusammen. Dasselbe machst du mit dem Kopf und den Armen. Achte darauf, dass der Kleber trocken ist, bevor du weiter machst.

3

Schnapp dir Farben und Pinsel und erwecke Sisi jetzt zum Leben, indem du sie bemalst. Ob du die selben Farben wie wir verwendest, oder ob du andere Farben wählst, bleibt ganz dir überlassen.

4

Für die Haare beklebst du ein Stück der Küchenrolle mit Wolle. Klebe es hinten auf deine Figur. Stirnfransen und Glitzersteine bilden den krönenden Abschluss. Fertig ist deine Sisi!

Halt die Ohren steif!

TIERISCH VIEL SPASS MIT 3D-GEMÄLDEN

Material
Eierkarton
Karton
Farbe & Pinsel
Kleber
Schere
Tonpapier
Bleistift
Filzstift

Mit diesen einzigartigen Hundeporträts kann die Kunstgalerie in deinem Zimmer gleich eröffnet werden.

Eine edle Hundedame mit ihrem stolzen Hundeherren werden hier zum begehrten Ausstellungsobjekt. Gestalte mit dieser raffinierten Bastelanleitung eine 3D-Bildergalerie. Das werden tierisch gute Kunstwerke.

Eine Skulptur eines Hundefräuleins findest du übrigens auf der Niederösterreichischen Schallaburg!

3D bedeutet übrigens „dreidimensional", neben Höhe und Breite gibt es auch die Tiefe. Und damit schauen die Bilder auch in den Raum!

1 Zuerst der Kopf: Schneide, wie auf dem Bild, einen der mittleren Kegel eines Eierkartons aus. Achte dabei darauf, dass du auch gleich die Ohren mit ausschneidest.

2 Schneide aus einem Stück Karton eine Bilder-rahmen-Form aus, rund, oval oder eckig. Lege den Kopf auf den Karton und zeichne grob den Körper vor. Verziere nun dein Gemälde mit dem Rahmen.

3 Schnapp dir Pinsel und Farben und bemale den Kopf und den Bilderrahmen. Zeichne Details und Umrisse mit schwarzem Filzstift nach. Klebe dann erst den Kopf auf den Bilderrahmen.

4 Zum Schluss schneidest du noch eine Kopf-bedeckung aus Tonpapier aus und klebst sie auf dein tierisches 3D-Gemälde. Fertig sind deine schönen Hundeporträts.

Füchse sind kluge Familientiere. Auch dein Fuchs freut sich über Gesellschaft. Bastle ihm doch ein paar Artgenossen für sein Rudel.

Schlau wie ein Fuchs

AUS KLOPAPIERROLLEN WERDEN LISTIGE ROTPELZE

Material
Klopapierrolle
Kleber
Stift
Tonpapier
Schere

Ausgefuchst! So schnell hast du 2 süße Rotfuchs-Freunde.

Diese Tiere sind nicht nur hübsch, sondern auch noch richtig schlau! Rotfüchse kommen in Österreich in nahezu allen Lebensräumen vor. Am Land, im Wald und auch in der Stadt. Bastle dir doch gleich deinen eigenen Schreibtisch-Fuchs.

1

Beklebe eine leere Klopapierrolle rundherum mit braunem Tonpapier. Damit hast du schon einmal den perfekten Fuchskörper.

2

Nun drücke die obere Kante einmal vorne und einmal hinten nach innen. Forme so ganz vorsichtig die kleinen Fuchsohren.

3

Gesicht, Bauch und Schwanz kannst du nun aus Tonpapier ausschneiden und aufkleben.
Die Nase und die Augen malst du ganz einfach mit einem Stift.

WISSENS-ECKE

WAS IST „AUSGEFUCHST"?

Wenn ein Fuchs einen Igel entdeckt, versucht er ihn gleich zu fressen. Der Igel rollt sich zum Schutz sofort ein und seine Stacheln schützen ihn perfekt. Doch der schlaue Fuchs schubst den eingerollten Igel einfach ins Wasser. Jetzt kann er den schwimmenden Igel leicht schnappen, ohne sich an den Stacheln zu stechen. Wirklich trickreich, oder?

Schneeglöckchen, Weißröckchen

BASTLE DIR DEINE EIGENEN KLEINEN FRÜHLINGSBOTEN

Material
Eierkarton
Schere
Draht
Perle
Grünes Krepppapier
Kleber

Hört ihr schon die Schneeglöckchen läuten?
Wir basteln uns die schönen Frühblüher.

Schneeglöckchen gehören zu den ersten Blumen, die nach dem Winter aus der Erde sprießen. Sie kündigen also den Frühling an. Wie du sie das ganze Jahr in dein Zimmer zauberst, zeigen wir dir hier.

> Schneeglöckchen stehen unter Naturschutz. Um deinen Liebsten eine Freude zu machen, solltest du lieber andere Blumen pflücken oder ausgraben.

1 Aus der Mitte eines hellen Eierkartons schneidest du zuerst die typische Schneeglöckchen-Blüten-form aus.

2 Dann steckst du einen dicken Draht durch und befestigst am Drahtende in der Blüte eine Perle.

3 Das zuvor in Streifen geschnittene Krepppapier kannst du nun am Beginn mit Kleber bestreichen und dann vorsichtig um den Draht wickeln.

4 Jetzt brauchst du nur noch Blätter aus Krepp-papier ausschneiden und diese dann passend aufkleben.

Beim sogenannten „Trommeln" klopft der Specht mit sehr schnellen Schnabelschlägen auf einen hohlen Stamm, um sein Weibchen für die Paarung anzulocken.

Klopf, klopf... wer da?

DIESER KLEINE BUNTSPECHT IST BEWEGLICH UND KLOPFT GERNE AUF DIE BAUMRINDE.

Material
Holzspatel
Dickes Tonpapier
Farbe & Pinsel
Küchenrolle
Schere
Kleber
Stifte
Lineal

Ein Specht im Kinderzimmer? Das klopft – äh klappt – hiermit ganz einfach.

Diesen Vogel hörst du schon von Weitem. Der Specht hämmert auf die Baumrinde, um darunter Insekten für sein Frühstück zu finden oder um sich eine Nisthöhle im Baum zu bauen. Auch dein Buntspecht klopft fleißig immer wieder auf den Ast.

Schnitt-
vorlage auf
Seite 122

1

Zuerst bemalst du eine leere Küchenrolle mit brauner Farbe. Das wird der Ast. Dann schneidest du rechts und links einen 3 cm großen Schlitz hinein.

2

Schneide aus Tonpapier einen kleinen Specht aus und bemale ihn ganz nach deinen Vorstellungen.

3

Dann klebst du deinen Specht auf einem Holz-spatel gut fest. Jetzt kommt die Mechanik des beweglichen Spechts an die Reihe.

4

Stecke den Holzspatel durch die Schlitze der Küchenrolle. Wenn du den Spatel nun auf und ab bewegst, sieht es so aus, als würde der Specht klopfen!

Wer hat an der Uhr gedreht?

DER ECHTE GRAZER UHRTURM IST 28 METER HOCH, DEINER WIRD RUND 9 ZENTIMETER HOCH SEIN.

Material
Klopapierrolle
Klebeband
Tonpapier
Schere & Kleber
Braune Farbe & Pinsel
Stift
Lineal

Bau dir das Wahrzeichen von Graz in wenigen Schritten nach.

Das Original steht in der steirischen Landeshauptstadt Graz, hoch oben am Schlossberg. Mit dieser Anleitung kannst du aus einer leeren Klopapierrolle den Grazer Uhrturm nachbauen.

Du brauchst vier kleine Ziffernblätter, denn auf jede Turmseite kommt eines.

1

Drücke eine leere Klopapierrolle zweimal flach zusammen, sodass eine viereckige Form entsteht. Schneide das Dach wie am Bild zurecht und fixiere es mit Klebeband.

1,5 cm 1 cm 1 cm 1,2 cm

2

Falte vier Stück Tonpapier – ca. 3,5 × 4,7 cm – zu je einem rechtwinkeligen Trapez zusammen und klebe sie als Wehrgang rund um den mittelalterlichen Turm.

3

Zum Schluss brauchst du nur noch das Dach zu bemalen und Uhren aus Tonpapier aufzukleben. Fertig ist deine Miniversion des Grazer Uhrturms.

SIND DIE ZEIGER VERKEHRT?

Da ursprünglich nur Stundenzeiger auf Turmuhren zu sehen waren, musste der Minutenzeiger viel später nachgerüstet werden. Aus Platz- und Kostengründen fiel er dann kleiner aus. Deshalb ist am Grazer Uhrturm der Minutenzeiger kürzer als der Stundenzeiger.

In deinem Überraschungssackerl könntest du nicht nur Süßigkeiten, sondern auch kleine Freundschaftsgeschenke hübsch verpacken.

FÜR OLLi

Was steckt da drin?

UNSER SÜSSER FISCHOTTER HÄLT EINE KLEINE ÜBERRASCHUNG PARAT.

Material
Papiersackerl
Süßigkeiten
Gummiringerl
Dickes braunes Papier
Schere
Kleber
Stifte

Unser „Olli Otter" behält sich seine Süßigkeiten lieber selbst. Du kannst deine gerne verschenken.

Es sieht einfach süß aus, wie „Olli Otter" den kleinen Schatz beschützt. Das Tier ist die perfekte Verpackung für kleine Aufmerksamkeiten. In wenigen Schritten bastelst du dieses persönliche Überraschungssackerl.

1 Nimm ein Papiersackerl und fülle es mit kleinen Süßigkeiten. Dann kannst du es mit einem Gummiringerl gut zubinden.

2 Kopf, Arme, Beine und Schwanz des Fischotters auf dickes braunes Papier aufmalen, dann ausschneiden und gleich aufkleben.

3 Du kannst auch ein Namensschild ausschneiden und dem Otter in die Hände kleben. Viel Spaß beim Verschenken!

WISSENS-ECKE

WIESO HALTEN OTTER HÄNDCHEN?

Otter verbringen die meiste Zeit im Wasser, sogar wenn sie sich ausruhen. Sie legen sich dazu einfach auf den Rücken und machen ihre Augen zu. Damit sich die Otter-Pärchen dann nicht verlieren, halten sie sich einfach gegenseitig an den Pfoten fest. Ist das nicht süß?

königliche Kopfbedeckung

DIESER BASTELTIPP SETZT DIR DIE KRONE AUF.

Material
4 Tonpapierstreifen
Kleber
Glitzerbänder
Stoffrest (Kreisform)
Lineal

Jede Krone glänzt für sich, doch dieser Schatz macht sich auch gut als Tischdeko.

Jede Prinzessin und jeder Prinz verdient eine Krone. Mit dieser Minikrone sorgst du bestimmt für einen glitzernden Blickfang. In wenigen Schritten hast auch du einen königlichen Kopfschmuck. In der Schatzkammer im Stift Klosterneuburg in Niederösterreich gibt's die „Habsburger-Krone", den Erzherzogshut, zu besichtigen.

Glitzer- und Dekobänder gibt es oft auch selbstklebend im Bastelgeschäft!

1 Klebe drei gleich große Tonpapierstreifen wie auf unserem Bild mittig zusammen.

2 Forme einen weiteren Tonpapierstreifen zu einem Ring und befestige die anderen Enden gut daran. Biege die Krone zurecht.

3 Verziere deine Krone nun mit bunten und glitzernden Klebe- und Dekobändern ganz nach deinem Geschmack.

4 Schneide einen Stoffrest zu einem Kreis und klebe ihn in die Krone hinein. Fertig ist deine königliche Kopfbedeckung.

Kork wird aus der Rinde von Eichen hergestellt. Die Rinde wird geschält und wächst nach 8-12 Jahren wieder vollständig nach.

süße Rattenplage

AUS FLASCHENKORKEN BASTELN WIR EINE COOLE RATTENBANDE.

Material
Flaschenkorken
⚠ Cuttermesser
Schere
Kleber
Filzstifte
Draht
Spieß o. Ä.

Kork ist ein tolles Bastelmaterial und mit diesen kleinen Nagetieren hast du bestimmt viel Spaß.

Diese lustigen Hausratten sollen Freude in dein Zimmer bringen. Bitte Erwachsene darum, Flaschenkorken zu sammeln, und schon kann's losgehen. In wenigen Schritten hast du die Bande der kleinen Nager gebastelt.

1 Schneide mit dem Cuttermesser vorsichtig eine dünne Scheibe eines Korkens herunter und halbiere sie. Schneide sie noch etwas zurecht und klebe sie als Ohren auf den Korken.

2 Jetzt wird's Zeit für die Gesichter. Zeichne süße Augen, Schnauzen, Nasen, Schnurrhaare und Zähne auf die Korken auf.

3 Schneide zwei kürzere und ein langes Stück Draht für die Beine und den Schwanz ab. Bohre mit einem Spieß vorsichtig drei Löcher vor.

4 Stecke die Beine und den Schwanz tief in die vorgebohrten Löcher, bis alles gut hält. Nun musst du die Drahtbeine und den Schwanz nur noch in die richtige Position biegen.

Finger-Lipizzaner im Galopp

MIT DIESER FINGERPUPPE PRÄSENTIERST DU DAS STOLZESTE PFERD ÖSTERREICHS.

Material
Tonpapier
Schere
Stifte
Lineal
Kleber

Bastle die edlen Pferde aus der Wiener Hofreitschule im Miniaturformat.

Der österreichische Erzherzog Karl II gründete 1580 in Lipica, dem heutigen Slowenien, ein Gestüt, um edle Pferde für den kaiserlichen Hof zu züchten. Heutzutage werden die edlen Pferde im steirischen Gestüt Piber geboren. Deinen eigenen Lipizzaner kannst du hier gestalten.

Mit ein bisschen Übung kannst du mit deinen Fingern ein tolles Pferdeballett einstudieren.

Schnitt-vorlage auf Seite 123

1

So klappt es mit deinem Finger-Lipizzaner: Zuerst zeichnest du die Form wie auf dem Bild auf und schneidest sie exakt aus.

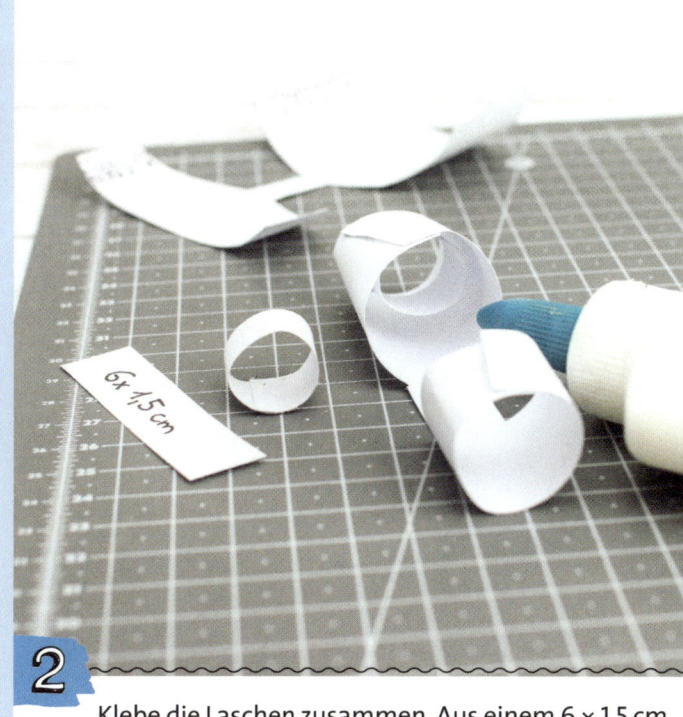

2

Klebe die Laschen zusammen. Aus einem 6 × 1,5 cm großen Papier formst du einen Ring, den du in den Kopf, also innen in den oberen Teil deiner Fingerpuppe, klebst.

3

Male Augen, Nüstern, Mund und Halfter auf. Noch die Ohren und die Mähne aus Papier aufkleben, schon kannst du mit deiner Fingerpuppe spielen.

WISSENS-ECKE

JEDER LIPIZZANER IST PROFESSOR

Lipizzaner gelten als friedlich, freundlich und lernfähig. Bis heute wird versucht, durch Auftritte mit den Pferden in der Hofreitschule etwas vom damaligen Glanz der Reiterei zu bewahren. Nach ihrer langen und intensiven Ausbildung werden alle Lipizzaner mit der Verleihung des Titels „Professor" geehrt.

Unser Riesen-
rad hat 5 Waggons,
das Original im Prater
hat übrigens 15. Und ur-
sprünglich waren es sogar
einmal 30 der berühmten
roten Waggons!

So ein riesen Rad!

HIER KOMMT DIE SEHENSWÜRDIGKEIT AUS DEM WIENER PRATER.

Material
Tonpapier
Farbe & Pinsel
Karton
Kleber
Schere
Rundkopfklammern
Buntstifte
Lineal

**Bau dir dein eigenes Riesenrad,
das dem Original richtig ähnlich sieht.**

Im Wiener Prater wurde 1897 zur Feier des 50. Thronjubiläums
von Kaiser Franz Joseph das Wiener Riesenrad eröffnet.
Bis heute hat es alles überstanden. Hier kannst du die beliebte
Attraktion selbst zusammenbauen.

1 ~~~~~~~~~~~~~~~~~~~~~~~~~~~~~~~~~~~~

Schneide aus Karton vorsichtig ein Rad, wie auf unserem Bild aus. Später kannst du es im typischen Grau bemalen.

2 ~~~~~~~~~~~~~~~~~~~~~~~~~~~~~~~~~~~~

Danach schneide aus dem Karton noch den Sockel aus und falte ihn wie abgebildet. Auch ihn kannst du anmalen.

Schnitt-
vorlage auf
Seite 123

3 ~~~~~~~~~~~~~~~~~~~~~~~~~~~~~~~~~~~~

Bastle nun aus Tonpapier Waggons. Zuerst wie auf dem Bild ausschneiden, dann falten und zusammenkleben. Die Waggons kannst du noch mit Fenstern und Türen bemalen.

4 ~~~~~~~~~~~~~~~~~~~~~~~~~~~~~~~~~~~~

Stecke das Rad mit einer Rundkopfklammer in der Mitte auf den Sockel. Wenn sich deine Waggons bewegen sollen, fixiere auch sie mit einer Klammer. Du kannst sie aber auch einfach auf das Rad kleben.

piepmatz hoch drei

DIESE SÜSSEN KÜKEN MACHEN NICHT NUR ZU OSTERN GROSSE FREUDE.

Material
Steine
Acrylfarben
Pinsel
Wasserfeste Filzstifte
Kleines Osterkörbchen
Ostergras

Verwandle dein Kinderzimmer in einen Kükenstall. Mit diesen kleinen Freunden lässt es sich rasch österlich dekorieren.

Piep, piep, piep, sie haben dich alle lieb. Es bleibt nicht bei einem Piepmatz, denn gleich wird es eine ganze Kükenschar. Du wirst sehen, je mehr Küken du bemalst, desto kreativer wirst du dabei. Tob dich richtig aus!

Vergiss nicht, beim nächsten Spaziergang die passenden Steine einzusammeln!

1 Finde passende Steine, wasche sie gut ab und bemale sie in schönen Gelbtönen.

2 Male dann alle Details wie Eierschalen, Augen, Schnäbel und Kükenbeine mit wasserfesten Filzstiften auf.

3 Setze deine Küken in ein mit Ostergras gefülltes Körbchen. Fertig ist das perfekte Ostergeschenk.

WISSENS-ECKE

HABEN KÜKEN EINEN BAUCHNABEL?

Eigentlich haben nur Säugetiere einen Bauchnabel. Und Hühner sind ja Vögel, die als Küken aus dem Ei schlüpfen. Aber auch im Ei ist das Küken über eine Art Bauchnabel mit dem Eidotter verbunden. Und wo eine Nabelschnur ist, da ist auch ein kleiner Bauchnabel!

Wenn du die Fingerspitzen eines Handschuhs mit Watte füllst und kleine Köpfe abbindest, kannst du zuckersüße Küken zaubern!

Ich wollt, ich wär ein Huhn!

DAS SUPERSCHNELLE HANDSCHUH-HENDL

Material
alte Handschuhe
Watte
Filz
Kleber
Schere
Osterkörbchen

Wenn du Hühner auch so gerne hast, ist das genau der richtige Basteltipp für dich.

Mit dem süßen Geflügel kannst du deine Familie nicht nur zu Ostern überraschen. Diese Hennen sehen entzückend aus und fühlen sich auch richtig kuschelig an. Vielleicht hast du ja sogar alte weiße oder gelbe Wollhandschuhe zu Hause?

1 Zuerst füllst du einen alten Handschuh mit Watte. Beachte dabei, alle Finger samt Daumen gut auszustopfen.

2 Klebe die Öffnung des Handschuhs fest zu. Damit dein Hendl gut sitzt, drückst du die Watte etwas nach unten.

3 Jetzt schneidest du den Schnabel, den Kamm, die Augen und die Flügel aus Filz aus und klebst sie gut fest.

4 Zum Schluss kannst du dein Hendl einfach in ein Körbchen setzen. Fertig ist die perfekte Oster-dekoration.

Ohne Moos nix los!

GRÜNE OSTERANHÄNGER AUS NATURMATERIAL

Material
Verschiedene Moose
& Flechten
Karton
Garn, Schleife, Pompom
zum Dekorieren
Flüssiger Kleber

Hier kommt der perfekte Behang für deinen grünen Osterstrauch.

Viele bei uns bekannte Moose sehen wie kleine, grüne, flauschige Polster aus. Durch ihren frischen Look eignen sie sich perfekt zum Basteln von Frühlingsdeko. Schau mal, was du daraus machen kannst.

Du kannst auch Buchstaben als Anhänger basteln. Damit wird es zum persönlichen Geschenk!

1 Schnapp dir ein Stück Karton und schneide eine Form (zum Beispiel ein Tier) deiner Wahl aus.

2 Mit einem Stift stichst du ein kleines Loch hinein und bindest ein Band zum Aufhängen fest.

3 Nun musst du nur noch das flauschige Moos, und wenn du möchtest, weitere Details wie eine Schleife oder ein Schwänzchen aufkleben.

NATURMATERIAL MOOS

Moos findest du auf dem Waldboden, meist unter Bäumen, im Schatten oder Halbschatten und häufig auf Steinen in der Nähe von Gewässern. Sammle von einem Ort immer nur eine kleine Menge und insgesamt nur so viel, wie du für dein Bastel-projekt verwendest.

Wenn du keinen gelben Eierkarton zur Hand hast, bemale die Schalen einfach mit gelber Farbe.

Bienchen summ herum!

HIER KOMMEN LIEBE KLEINE EIERKARTON-BIENEN.

Material
Eierkarton
Farbe & Pinsel
Braune Wollreste
Kleber
Schere
Wackelaugen
Tonpapier
Stift

Den süßesten Honig machen die eigenen Bienen. Wenn deine selbst gebastelten Bienchen in Fahrt kommen, bleibt keine Honigwabe auf der anderen.

Bist du auch ein fleißiges Bienchen? Also dann, los geht's! Es summt und brummt schon überall und die ersten Blumen blühen auch schon. Aber nicht nur im Garten sind die Bienen unterwegs. Mit unserer lustigen Bastelanleitung holst du dir die kleinen Brummer direkt ins Kinderzimmer.

1 Schneide aus dem unteren Teil eines Eierkartons die Schalen aus und dreh sie einfach um. Wenn du möchtest, kannst du sie noch mit bunter Farbe bemalen.

2 Mach kleine Schnitte unten seitlich in den Karton und klemme dort Wollreststreifen hinein. Du kannst sie auch vorsichtig festkleben.

WISSENS-ECKE

3 Aus Tonpapier schneidest du Flügel und Stachel aus und klebst sie dann auf. Mit Wackelaugen und Mund ist die Biene schon fertig.

NÜTZLICHE BIENEN

Bienen sind fleißige Helfer der Menschen. Denn sie liefern uns nicht nur Honig, sondern sie sorgen auch dafür, dass sie die Blüten der Pflanzen bestäuben und wir dadurch reichlich Früchte ernten können!

ES klappert der Storch!

DAS WIRD EIN ENTZÜCKENDER WOLLKNÄUEL-VOGEL.

Material
Papier
Draht
Weiße Wolle
Orange Wolle
Kleber
Filzstift
Federn

Gestalte einen wunderschönen Weißstorch aus nur wenigen Materialien.

Die bekannten Zugvögel verbringen den Winter im warmen Afrika und kommen erst in der warmen Jahreszeit wieder zu uns.
Vor allem im Burgenland kannst du die Störche häufig auf ihren Storchennestern beobachten. Egal wo du wohnst, mit unserer Bastelanleitung holst du dir die Störche direkt ins Kinderzimmer.

Mit aufgeklebten Federn sieht dein Storch noch besser aus!

★★★ schwer   Burgenland   Frühling

1 Zerknülle das Papier und forme zwei unterschiedlich große Bälle daraus. Der größere Ball wird der Körper, der kleinere der Kopf deines Storchs.

2 Wickle den Draht kreuz und quer über die Bälle. Verbinde sie, indem du einen Hals gestaltest, und forme dann Beine, Schnabel und Schwanz. Ohne Wolle wirkt dein Storch noch etwas grob.

3 Umwickle Kopf, Hals und Körper reichlich mit weißer Wolle, bis der Draht komplett verschwunden ist. Für Beine und Schnabel verwendest du orange Wolle. Lockere Wollfäden klebst du einfach fest.

4 Zum Schluss malst du mit einem schwarzen Filzstift Augen und Flügel auf. Deinen fertigen Storch kannst du jetzt in jede gewünschte Pose biegen.

Blumen, einmal anders

BASTLE EIN BEZAUBERNDES MUTTERTAGSHERZ!

Material
Karton
Gummiringerl
Wiesenblumen
Schere
Stift

Selbst gepflückte Wiesenblumen machen oft mehr Freude als gekaufte.

Mit diesem kleinen, selbst gebastelten Muttertagsherz machst du deiner Mama bestimmt eine große Freude. Auf die Rückseite des Herzens passt noch der Name deiner Mama oder eine kurze Nachricht.

1

Zuerst zeichnest du auf einem Karton ein schönes Herz vor und schneidest es aus. Wenn du möchtest, kannst du es gerne auch bemalen.

2

Schneide das Herz rechts und links drei Mal vorsichtig ein und stecke Gummiringerl in die Einschnitte.

3

Nun schiebst du vorsichtig die selbstgepflückten Wiesenblumen zwischen das Herz und die Gummiringerl.

WISSENS-ECKE

WUSSTEST DU, DASS ...

schon die alten Griechen eine Art Muttertag zelebriert haben. In Österreich wird er übrigens seit rund 100 Jahren gefeiert. Und natürlich geht es um den Gedanken, der dahinter steht und nicht um den Wert des Geschenks.

Teetass-tisches Nadelkissen

SICHERER UND SCHÖNER KANN MAN SEINE NADELN NICHT AUFBEWAHREN!

Material
Alte Teetasse
Stoffreste
Füllwatte
Nadel & Faden
Bortenreste
Kleber
Stecknadeln
Lineal

Mit einer alten Teetasse vom Dachboden, aus dem Keller oder vom Flohmarkt entsteht etwas Zauberhaftes.

Aus Alt mach Neu: Upcycling nennt man das heutzutage. Eine entzückende Teetasse wird in wenigen Schritten zum attraktiven Blickfang und erhält als Nadelkissen einen wunderbaren neuen Verwendungszweck.

Perfekt als Geschenk für alle Näh-Begeisterten.

1

Fertige aus dem Umfang der Teetasse eine Schablone an und gib außen rund 1,5 cm dazu. Damit schneidest du 2 Kreise aus dem Stoff.

2

Leg die beiden schönen Seiten des Stoffs aufeinander und nähe sie bis auf eine kleine Lücke zusammen. Lass dir dabei helfen!

3

Nun kannst du das Stoffkissen wenden und dann mit Watte befüllen. Die kleine Lücke nähst du dann zu.

4

Klebe die Borte entlang der Naht rund ums Kissen. Nun leg das Kissen einfach in die Tasse oder klebe es fest.

Die bunten Schnecken sind die perfekte Dekoration für deine Kräuter- und Blumentöpfe.

Kunterbunte Fantasieschnecken

ALTE SCHNECKENHÄUSER FRISCH RENOVIERT

Material
Leere Schneckenhäuser
Steine oder Äste
Heißklebepistole
oder flüssiger Kleber
Farbe & Pinsel
Wackelaugen

Verwandle eine Handvoll leerer Schneckenhäuser in etwas Außergewöhnliches.

Such doch bei deinem nächsten Spaziergang nach folgenden Naturmaterialien: klitzekleine Äste und Steine sowie leere Schneckenhäuser. Damit hast du schon den Großteil des Materials für diese kunterbunten Fantasieschnecken beisammen.

1

Sammle leere Schneckenhäuser und wasche sie gut aus. Wenn sie getrocknet sind, bemalst du sie mit bunter Farbe.

2

Suche nach kleine Steinen und Ästen und säubere auch sie gründlich. Dann klebst du die Schneckenhäuser darauf.

3

Zum Schluss klebst du noch die Augen und Fühler aus dünnen Ästen auf. Wenn du keine Wackelaugen hast, kannst du die Augen auch aufmalen.

WER IST DER SCHNECKENKÖNIG?

Ist dir schon aufgefallen, dass fast alle Häuser von Weinbergschnecken nach rechts gewunden sind? Nur in ganz seltenen Fällen kann man auch Schneckenhäuser finden, die wie auf unserem Bild nach links gewunden sind. Das ist ein Schneckenkönig!

Wasser marsch!

EIN MINI-WASSERFALL ZUM SELBERBASTELN

Material
Karton
Steine
Klebeband
Heißklebepistole
& Sticks
Plastikpflanzen

Wasserfälle sind faszinierend, aber laut!
Unsere Mini-Variante ist wirklich ganz leise.

Bei echten Wasserfällen steckt die Kraft in jedem Wassertropfen. Zusammen sorgen sie für richtig viel Energie und machen einen tosenden Lärm. An unserem Zimmer-Wasserfall kann man jedoch ganz in Ruhe entspannen.

Sei kreativ! Kleine Details wie Grasbüschel, Schilf oder Tiere am Wasserrand machen deinen Mini-Wasserfall besonders.

1 Klebe Steine auf einen runden Karton im Kreis auf. Das Innere füllst du mit einer Schicht Heißkleber.

2 An einer Seite klebst du zwei weitere Steine übereinander. Darauf kommt nun ein Streifen Klebeband als Stütze für den Wasserfall.

3 Forme den Wasserfall vorsichtig mit dem Heißkleber. Du kannst deinen Wasserfall noch mit Pflanzen dekorieren.

WISSENS-ECKE

REKORDWASSERFALL

Mit einer gesamten Fallhöhe von 385 Metern sind die Krimmler Wasserfälle die höchsten Österreichs. Sie befinden sich am Rand des Ortes Krimml im Nationalpark Hohe Tauern in Salzburg.

Bastle dir noch ein paar andere Figuren und Kulissen, dann wird das eine tolle Aufführung.

Amadeus, Amadeus

DIE PERFEKTE MOZART-MARIONETTE

Material
Klopapierrolle
Tonpapier
Wolle
2 Äste
4 Perlen
Kleber
Stifte

Eröffne ein klassisches Marionettentheater in deinem Zimmer. Damit ist dir großer Applaus garantiert!

Komponiere eine Mozart-Marionette ganz nach deinem Geschmack. Lass deiner Kreativität freien Lauf und leg gleich los. Überrasche deine Familie mit einem feinen musikalischen Auftritt.

1

Die leere Klopapierrolle wird wie am Bild mit dem Tonpapier beklebt. Mit dem Filzstift wird dann ein Kostüm daraus.

2

Klebe zuerst einen Streifen Tonpapier für die Haare auf. Jetzt rollst du die Enden mit einem Stift etwas ein und das Gesicht malst du auch noch dazu.

3

Knote je eine Perle an ein Stück Wolle und befestige sie als Arme und Beine. Jetzt nimmt die Mozart-Marionette langsam Gestalt an.

4

Die Äste werden über Kreuz fixiert. Mit Wollfäden brauchst du nur noch den Kopf und die Arme daran festbinden.

katze liebt Fisch!

DIESE KATZENTASCHE IST DER HIT.

Material
Reißverschluss
Filz
Schere
Heißklebepistole
oder Kleber
Nadel & Faden
Knöpfe

Der coole Beutel ist für kleine Dinge gedacht.
So verlierst du Münzen, Schlüssel & Co. nie wieder.

Eine kleine Tasche für Krimskrams muss nicht immer
hässlich sein. Besonders für Tierfreunde haben wir
diesen Basteltipp mit dem schrägen Katzenkopf, der
gerne Fische mampft. Wir finden: Sehr kreativ!

Dieser
Beutel ist so auf-
fällig, den lässt du nicht
liegen! Das Motiv kannst
du nach Belieben variieren.
Bist du eher der Hundetyp,
dann kreiere doch eine
Hundetasche mit
Knochen im Maul.

1 Schneide wie auf unserem Bild zwei Katzenköpfe aus Filz aus. Einen von beiden halbierst du in der Mitte. Klebe nun noch den Reißverschluss zwischen die beiden Hälften.

2 Lege die Katzenköpfe übereinander und nähe sie mit großen Stichen rundherum zu, damit sie gut zusammenhalten. Lass dir beim Nähen helfen.

3 Auf die Enden des Reißverschlusses klebst du Fischkopf und Flosse aus Filz.

4 Für die Augen kannst du passende Knöpfe annähen oder auch einfach aufkleben.
Fertig ist deine modisch coole Katzentasche.

Bastle gleich mehrere Ballerinas für dein kleines Ballett und lass sie dann gleichzeitig tanzen.

Bella Ballerina

EINE BLITZSCHNELLE BALLETTTÄNZERIN

Material
Kleine Muffinformen
aus Papier
oder Kaffeefilter
Wasserlösliche Filzstifte
Wasser
Pfeifenputzer
Gummiringerl
Schere

**Schnell, einfach und mit wenig Material.
Und dabei so eine süße Deko-Idee.**

Diese kleine Figur sieht nicht nur wirklich hübsch aus, sondern ist auch sehr flott fertig gebastelt. Mit ein wenig Geschick kannst auch du eine hübsche Tänzerin oder sogar ein ganzes Ballett gestalten.

1 Streiche die Förmchen vorsichtig glatt und bemale sie mit wasserlöslichen Filzstiften. Beträufle deine Kreation nun mit etwas Wasser. Die Farben verrinnen ineinander und ergeben ein tolles Kunstwerk.

2 Während alles gut trocknet, kannst du zwei Pfeifenputzer zu einem Körper verdrehen. Wähle deine Lieblingsfarben!

3 Schneide Löcher in die Förmchen und ziehe je eines von oben und von unten über die Ballerina.

4 Mit einem Gummiringerl als Gürtel fixierst du die Mitte. Dreh deine Ballerina in die gewünschte Tanzpose, fertig!

Quak, Quak, Schnapp!

DAS LUSTIGE FANGFROSCH-SPIEL

Material
Klopapierrolle
Tonpapier
Grüne Farbe
Heftklammermaschine
Kleber
Rotes Band

Dieser hungrige Frosch macht Spaß, denn mit ihm startet das Fliegen-Fangspiel.

Frösche haben eine besondere Zunge. Sie ist extrem lang und blitzschnell. Bei unserem Bastelfrosch ist die Zunge Teil des Spiels. Fang die Fliege und füttere das verfressene Tier.

Übung macht den Meister: Versuche mit dem Froschmaul die Fliege zu fangen!

1 Bemale eine Klopapierrolle mit grüner Farbe und klammere oder klebe dann eine Seite gut zusammen. Lass dir beim Klammern durch den dicken Karton helfen.

2 Schneide die Beine und eine Zunge aus Tonpapier aus und klebe sie und die Wackelaugen fest.

3 Schneide eine Fliege aus Tonpapier doppelt aus. Hefte zwischen die beiden Fliegenteile das rote Band.

4 Dann befestigst du das andere Ende des roten Bandes im Inneren des Froschmauls. Schon kannst du du mit deinem selbst gebastelten Fangfrosch-Spiel loslegen.

Wildbienen, Hummeln oder Käfer suchen solche Plätze zum Nisten und Überwintern.

Hotel Marienkäfer

INSEKTEN SUCHEN EIN NEUES ZUHAUSE

Material

⚠ Ausgewaschene Blechdose
Schere
Acrylfarbe & Pinsel
Garn
Füllmaterial
(z. B. Schilf, Stroh, Zapfen, kleine Äste, …)

Dieser Basteltipp macht Spaß und ist richtig nützlich.

Anstatt deine alten Konservendosen im Altmetall zu entsorgen, mach doch ein feines Versteck für die kleinsten Tiere daraus. Solche Verstecke heißen „Insektenhotel".
Und wir rufen: Zimmer frei!

1 Schnapp dir eine saubere, trockene Dose und bemale sie außen mit roter Acrylfarbe. Pass dabei auf den scharfen Rand auf!

2 Wenn die Farbe getrocknet ist, malst du den schwarzen Kopf, Punkte und Augen auf.

3 Kürze deine Halme und Äste auf die richtige Größe und steck dein Füllmaterial schön fest in die Dose.

4 Nun bindest du das Garn oben und unten um die Dose. Schon kannst du dein Insektenhotel draußen aufhängen!

Lieber Lindwurm

EIN STIFTEHALTER ALS FABELWESEN

Material
Klopapierrolle
Tonpapier
Kleber
Schere
Stifte

Das Wahrzeichen von Klagenfurt wird zum Stiftehalter.

Der Lindwurm soll ein schlangen- und drachenartiges Fabelwesen darstellen. Doch hier entsteht etwas wirklich Praktisches aus ihm. Denn diese einzigartige Stiftebox schmückt jeden Schreibtisch.

Wie direkt aus der Sage entsprungen: Sieht unser kleiner Lindwurm nicht fabelhaft aus?

1 Schneide zuerst den Kopf, die Zunge und den Drachenschwanz aus und male die Details auf.

2 Dann schneide Arme, Beine, Drachenflügel und Bauch aus und bereite alle Teile gut vor.

3 Beklebe jetzt die Klopapierrolle auch mit dem Tonpapier, dann klebst du alle Teile passend an.

WISSENS-ECKE

ROBERT BEIM LINDWURM

Mitten in der Kärntner Landeshauptstadt Klagenfurt findet ihr das Wahrzeichen der Stadt. Eine Sage erzählt: Erst nachdem der drachenähnliche Lindwurm besiegt war, wurde auch die Stadt sicher. Das Denkmal erinnert daran.

Gelbe Blüten kommen auch in der Natur am häufigsten vor, denn die Insekten werden magisch davon angezogen.

Gut gebrüllt, Löwenzahn!

EINE GABEL HILFT BEIM BASTELN

Material
Gelbe Wolle
Eine Gabel
Grüner Pfeifenputzer
Schere
Eine Vase

Diese gelben Blumen verwelken bestimmt nicht, sondern bleiben lange frisch.

Du magst Löwenzahn, willst ihn aber für die Bienen auf der Wiese stehen lassen? Sehr löblich! Dann bastle dir doch die herrlich frischen Blumen aus feinen Wollresten. Eine Gabel liefert den besten Trick dazu.

1 Leg den Pfeifenputzer auf eine Seite entlang der Gabel. Umwickle beides mit gelber Wolle.

2 Binde die gewickelte Wolle mit einem weiteren Stück Wolle zusammen und verdrehe anschließend die Enden des Pfeifenputzers miteinander.

3 Schieb die Wolle von der Gabel und schneide sie oben auf. Wickle das kürzere Ende des Pfeifenputzers nach oben um den Blütenknoten.

4 Deine fertigen Blumen kannst du in eine kleine Vase stecken oder als Strauß verschenken!

Wuff, Wuff, Wuff!

HIER KOMMT EIN KLEINER WACKELDACKEL

Material
Tonpapier
Schere
Kleber
Stift
Lineal

Sitz, Platz, Fuß!
Dieser zierliche Dackel folgt aufs Wort.

Dackel sind entzückende Hunde, die wir alle lieben.
Doch mit diesem kleinen Freund ersparst du dir
das Gassigehen. Und als Danke fürs Basteln macht
er sich gaaaaaanz lang für dich.

Zwei
unterschiedliche
Brauntöne beim
Tonpapier machen
den Dackel-Look
perfekt.

1

Schneide zwei Streifen aus Tonpapier aus und achte darauf, dass die Breite jeweils 2 cm beträgt. Klebe danach die Enden schräg übereinander.

2

Jetzt faltest du immer wieder einen Streifen über den anderen, bis eine schöne Ziehharmonika entsteht. Die Enden klebst du übereinander fest.

3

Schneide nun den Kopf, die Ohren, die Schnauze und das Hinterteil aus und klebe sie zusammen. Vergiss nicht, Augen und Details aufzumalen!

4

Klebe das Hinterteil und den Kopf an die Enden deiner Ziehharmonika. Fertig ist dein kleiner Wackeldackel. Jetzt brauchst du nur noch einen Namen für deinen Hund.

Ist die Kresse lang genug, kannst du sie abschneiden und damit ein frisches Butterbrot belegen.

Grün und gesund!

HIER WÄCHST EIN FRISCHES KRESSE-HERZ

Material
Karton
Schere
Kleber
Alufolie
Küchenpapier
Kressesamen

Dein Herz wird für die feine frische Kresse höherschlagen.

Das Bundesland Steiermark wird oft auch als „grünes Herz" Österreichs bezeichnet. Passend dazu basteln wir heute eine Herzform aus Karton, in der du der grünen Kresse beim Wachsen zusehen kannst. Natur pur!

1 Schneide eine schöne Herzform aus Bastel-karton aus.

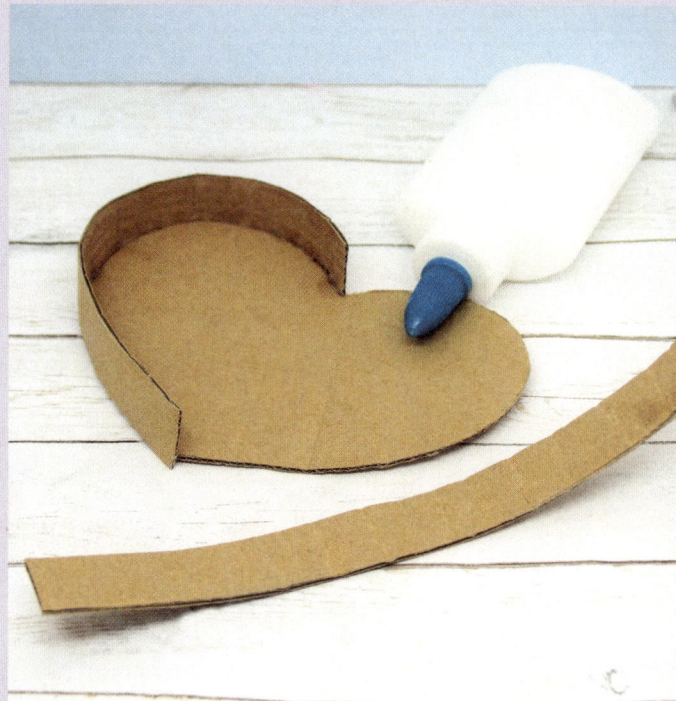

2 Dann klebe schmale Kartonstreifen rund um das Herz fest.

3 Kleide das Kartonherz mit Alufolie aus und belege es mit Küchenpapier, welches du ebenfalls in Herzform zuschneidest.

4 Jetzt brauchst du es nur noch mit Kressesamen zu bestreuen und regelmäßig zu befeuchten.

Flinke Faltfische

WUNDERVOLLE WASSERLEBEWESEN

Material
Tonpapier
Schere
Kleber
Stift

Lass uns einen Fischschwarm basteln!

Du hast diesmal nicht viel Zeit zum Basteln? Dann ist dieser einfache Tipp genau richtig für dich. In wenigen Augenblicken hast du mit einfachen Mitteln einen kleinen Fischschwarm fertig.

Du kannst die Fische auf dein Fenster kleben oder ein ganzes Mobile daraus machen.

1

Falte ein rechteckiges buntes Tonpapier und schneide eine Rundung auf der einen und ein Dreieck auf der anderen Seite weg.

2

Schneide an der Seite, an der du das Dreieck weggeschnitten hast, zwei Mal ein, klappe es auf und schneide bei der Mittellinie nochmal ein.

3

Klebe nun von innen beginnend die Streifen vorsichtig diagonal übereinander. Dabei entsteht eine kleine Wölbung.

4

Nun brauchst du nur noch mit einem Stift die Augen aufzumalen. Fertig ist dein flinker Faltfisch.

Gib deinem Donauschiff einen Namen und beschrifte es damit.

Eine Schifffahrt, die ist lustig!

SCHAUKELNDES DONAUSCHIFF

Material
Tonpapier
Kleber
Schere
Stifte

Alle an Bord, das Donaudampfschiff legt gleich ab.

Die Donau ist der größte Fluss Österreichs und fließt in unserem Land zuerst durch Oberösterreich. Auf diesem wichtigen Wasserweg sind auch zahlreiche Schiffe unterwegs. Hier kannst du deinen eigenen Donaudampfer bauen. Und der schaukelt auch wie im Wasser!

1

Schneide aus blauem Tonpapier einen großen Kreis aus und falte ihn in der Mitte einmal.

2

Aus weißem und blauem Tonpapier kannst du nun Vierecke ausschneiden, zusammen-stecken und -kleben.

3

Stecke, wie im Bild zu sehen, die Vierecke auf den Halbkreis und klebe sie fest.

4

Male oder bastle noch Bullaugen, einen Rettungsring und Schornsteine, fertig ist dein Donaudampfer.

Viele, viele bunte Steinchen

GROSSARTIGE MOSAIK-BILDER

Material
Weißes Papier
Tonpapier
Schere
Stift
Kleber

Mosaike gibt es schon seit dem Altertum.

Viele Mosaike von damals sind sogar noch erhalten. Diese Art, aus kleinen Teilchen ein Bild zusammen zu setzen, ist besonders kunstvoll. Übrigens kannst du für Mosaike auch Keramik, Ton, Glas, Kunststoff oder viele andere Materialien verwenden.

Lege beim Zerschneiden der Motive alles immer gut vor dir auf, damit du die vielen kleinen Teile nicht durcheinanderbringst.

★ ★ mittel

Sommer

1 Zuerst zeichnest du deine gewünschten Bilder grob auf einem Blatt Papier vor.

2 Übertrage deine Zeichnung durch Abpausen auf buntes Tonpapier und schneide sie aus. Dann zerteilst du sie in kleine Mosaik-Teile.

3 Jetzt klebst du deine Mosaik-Teile auf schwarzes Tonpapier. Vergiss nicht auf einen Rahmen aus Papierschnipseln.

4 Zum Schluss füllst du nur noch den Hintergrund mit weiteren Mosaik-Teilen auf. Ob kleine Dreiecke oder Vierecke, ganz egal!

Wenn du die obere Rolle nach unten ziehst, erscheint das Murmeltier in seinem Bau!

Guck-guck!

DA LUGT EIN MURMELTIER AUS DEM BAU

Material
Küchenrolle
Klopapierrolle
Tonpapier
Kleber
Farbe & Pinsel
Schere
Stift
Lineal

Kurz ist es da, dann gleich wieder weg. Entdeckst du das Murmeltier?

Bei uns leben Alpenmurmeltiere hoch oben in den Bergen. Kommt ein gefährlicher Steinadler angeflogen, warnen die Murmeltiere einander durch „Pfiffe" und verstecken sich sofort in ihrem Bau. Sehr schlau! Die meisten österreichischen Murmeltiere leben in Tirol.

 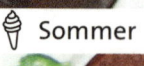

1 Schneide aus Tonpapier (ca. 10 × 4,5 cm) ein Murmeltier aus, damit es in eine Klopapierrolle passt. Das Gesicht kannst du aufmalen oder aus Tonpapier ausschneiden.

2 Kürze eine leere Küchenrolle auf ca. 5 cm. Schneide einen langen grünen Papierstreifen mehrmals ein und klebe ihn als Gras um die Rolle.

3 Jetzt kürzt du eine Klopapierrolle auf ca. 7,5 cm und bemalst das obere Drittel mit brauner und die zwei unteren Drittel mit grüner Farbe

4 Stecke dein Murmeltier in die Klopapierrolle und klebe es am Rand etwas fest. Dann stülpst du die Küchenrolle zuerst nur über den braun bemalten Bereich – ziehe es dann hin und her.

Miniatur-Lagerfeuer

DAS SICHERSTE FEUER DER WELT

Material
Seidenpapier
LED-Teelicht
Steine
Karton
Flüssiger Kleber

Bei diesem Lagerfeuer verbrennst du dir garantiert nicht die Finger.

Das Lagerfeuer erinnert an einen schönen Sommerabend: knisterndes Holz, duftendes Steckerlbrot, gemeinsames Singen und langes Aufbleiben. Mit diesem Mini-Lagerfeuer kommt genau diese Stimmung auf. Lagerfeuer an, Licht aus!

Vergiss nicht, das LED-Teelicht auszuschalten, wenn du dein Lagerfeuer löschen willst.

1 Schneide einen 8 cm großen Kreis aus Karton aus und klebe rundherum kleine Steine auf. Die Steine sammelst du am besten bei einem kleinen Spaziergang.

2 Lege das verschiedenfarbige Seidenpapier (ca. 12 × 12 cm) versetzt übereinander und stell ein Teelicht in die Mitte.

3 Falte und zerknülle das Seidenpapier um das Teelicht nach oben und setze es in den Steinkreis.

4 Fertig ist dein Miniatur-Lagerfeuer, das du sogar drinnen verwenden kannst.

Vergiss nicht auf die gesunde Jause für deinen neuen Rucksack!

Dein Jausen-Rucksack

PIMP DEIN PAUSENSACKERL!

Material
Papiersackerl
Tonpapier
Schere
Filzstift
Kleber

Wer behauptet eigentlich, dass Jausensackerl langweilig sein müssen?

Jeder braucht mal eine Pause. Mit einer großzügigen Jause im Gepäck fällt dir der Schulalltag viel leichter. Mit unserem praktischen Pausensackerl wirst du zum „Star des Schulhofs". Worauf wartest du noch?

1 Schneide die obere Lasche für den Rucksack aus Tonpapier aus und verziere sie mit dem Filzstift.

2 Dann klebst du die Lasche auf, schneidest Streifen aus und klebst auch diese als Träger an.

3 Nun wird der neue Rucksack noch mit Tonpapier beklebt und schön verziert.

4 Jetzt brauchst du nur noch den Verschluss ausschneiden und aufkleben.

Jööööö, eine Schultüte!

JETZT KANNST DU DIR JEDERZEIT EINE EIGENE SCHULTÜTE BASTELN.

Material
Großer Tonkarton
Schnur
Acrylfarbe & Pinsel
Seidenpapier
Schere
Kleber
Zierband

Mit dieser Schultüte wird dein erstes Schuljahr bestimmt ein Hit!

Vielleicht hast du den aufregenden Tag schon erlebt oder noch vor dir: Den allerersten Schultag mit Schultüte. Aber warum solltest du dir diese kleine Überraschung eigentlich nicht öfter gönnen?

Damit du dich auf die Schule freuen kannst, beschenke dich oder deine Freunde mit einer Kleinigkeit: Einem neuen Stift, einem Glücksbringer,...

1 Schneide aus einem großen Tonkarton einen Kegel aus. Zum Malen des Bogens binde einen Stift an eine Schnur.

2 Klebe die Schultüte gut zusammen und bemale sie so, dass sie aussieht wie ein Buntstift.

3 Das Seidenpapier klebst du einfach an den inneren Rand der Tütenöffnung.

4 Jetzt heißt es: Schultüte befüllen, mit einem Band verschließen und fertig ist die Überraschung.

Die Zapfen kannst du bei deinem nächsten Waldspaziergang sammeln.

Freche Eichkätzchen

ZWEI EICHHÖRNCHEN MACHEN SPASS

Material
Klopapierrollen
Zapfen
Tonpapier
Schere
Kleber
Stifte

Diese neugierigen Nagetiere freuen sich schon auf deine Gesellschaft.

Eichhörnchen sind entzückende Tiere, jedoch sehr schüchtern und auch unheimlich flink. Jetzt hast du die Möglichkeit, deine eigenen Spielgefährten zu bauen. Aus Klopapierrollen! So einfach geht's.

1

Beklebe die leere Klopapierrolle rundherum mit hellbraunem Tonpapier. Das wird der Körper.

2

Oben klebst du Tonpapier in einem dunklen Braunton darüber, in das du zwei Bögen geschnitten hast. Schneide Arme und Zähne aus.

3

Nachdem du die obere Kante nach innen gedrückt hast, erscheinen die Ohren. Bringe die Details an.

4

Den Zapfen befestigst du als Schwanz. Jetzt warten nur noch Augen, Nase, Mund und Ohren darauf, von dir aufgemalt zu werden.

Post aus dem Ländle

DIE 3D ANSICHTSKARTE AUS VORARLBERG

Material
Tonpapier
Kleber
Schere
Stift

Vorarlberg ist für seine beeindruckende Alpenlandschaft bekannt.

Ganz im Westen Österreichs befindet sich das Bundesland Vorarlberg. Hier gibt es grüne Wiesen, klare Gewässer sowie Wege und Pässe über die Alpen. Die schönen Berge zeigt auch unsere 3D Ansichtskarte.

Verschick deine liebe Grußkarte aus den Bergen per Post!

Liebste Urlaubsgrüße aus Vorarlberg!

1 Falte ein Tonpapier in der Größe A5 genau in der Mitte wie eine Glückwunschkarte.

2 Nun schneidest du Dreiecke als Berge und Bergspitzen aus.

3 Danach kannst du auch Wiesen und Wolken gestalten.

4 Schneide zum Schluss den Pop-up-Berg aus, falte ihn und klebe ihn in der Mitte auf.

Dekoriere doch deine Zimmerpflanze mit den Äpfeln. So wird sie schnell zum Apfelbaum.

Frisch, saftig, steirisch!

EINE FEINE APFEL-BASTELEI

Material
Eierkarton
Schere
Malerkrepp/Klebeband
Farbe
Pinsel
Stift
Kleiner Ast
Flüssiger Kleber
Tonpapier

So einen Apfel hast du bestimmt noch nicht gesehen.

Aus der Steiermark, dem grünen Herz Österreichs, kommen jährlich so viele Äpfel, dass gewisse Regionen sogar „Apfelland" und bekannte Wege auch „Apfelstraße" genannt werden. Aus alten Eierkartons basteln wir kleine Deko-Äpfel.

1 Beginne, indem du aus dem Eierkarton vorsichtig die späteren Apfelteile ausschneidest.

2 Kleine Löcher auf der Rückseite klebst du ganz einfach mit Klebeband zu.

3 Die Apfelhälften werden außen rot und der Apfelkern innen weiß bemalt. Umso knalliger dein Rot, umso saftiger sieht dann der fertige Apfel aus.

4 Zu guter Letzt klebst du die unteren Teile zusammen, steckst den Ast als Stiel hinein und schneidest ein Blatt aus Tonpapier aus. Klebe es an den Stiel, mal noch die Kerne auf, fertig!

Schmucke Anhänger

DIE PATCHWORK-EICHELFAMILIE IST DA!

Material
Eicheln
Eichelhütchen
⚠ Flüssiger Kleber
oder Heißkleber
Farbe & Stifte
⚠ Handbohrer
Band

Hey, ihr seid ja eine lustige Familie, habt ihr Spaß beim Herumhängen? Jaaaaaa!

Eicheln sind köstliches Futter für Wildtiere. Wenn du sie beim Wandern findest, nimm also nur so viele mit, wie du wirklich benötigst. Mit einer Handvoll hast du genug Material, um deine ganze Familie mit Eichel-Anhängern zu versorgen.

Bring Farbe ins Spiel und bemale deine Eichelfamilie ganz bunt, bevor du sie zusammenklebst!

1 Zuerst trennst du die Eicheln von den Hütchen. Dann bohrst du vorsichtig ein kleines Loch in die Hütchen. Bitte Erwachsene um Hilfe.

2 Fädle ein Band durch das Loch und verknote es. Jetzt klebst du die Hütchen wieder auf die Eicheln.

3 Nun kannst du deine Eicheln mit lustigen Gesichtern bemalen.

4 Deine neuen Eichel-Anhänger eignen sich bestens zum Aufhängen oder zum Verschenken.

Mit den Nadeln bitte wirklich vorsichtig sein!

Praktisches Stacheltier

EIN NADELKISSEN ALS SÜSSER IGEL

Material
Alte Socke
Karton
Schere
Watte
Filzstift
Nadeln

Ein kleiner Igel trägt gefährliche Ladung auf seinem Rücken.

Igel sind niedliche Tiere. Sie bauen sich kleine Verstecke, in denen sie den ganzen Tag schlafen und auch ihren Winterschlaf halten. Erst in der Nacht lassen sie sich draußen blicken. Warum baust du dir nicht selbst einen Igel für zu Hause? Dieser ist nicht nur süß, sondern auch praktisch.

1

Schneide aus Karton eine Tropfenform aus und stich vorsichtig mit der Schere ein Loch hinein.

2

Fülle deine Socke mit Watte und stülpe sie über den Karton, den du dann ganz in die Socke hineinschiebst.

3

Schneide die überstehende Socke auseinander und verknote die beiden Enden. Alles Überstehende wegschneiden und den Knoten in das Kartonloch stopfen.

4

Jetzt brauchst du dem Igel nur noch ein Gesicht aufmalen und die Nadeln hineinstecken.

Holdrio!

WIR BASTELN EINEN TIROLERHUT

Material
Filz
Schere
Kordel
Flüssiger Kleber
Gelbe Wollreste
Lineal

Diese Tiroler Kopfbedeckung ist richtig festlich.

Ein richtiger Tirolerhut braucht eine breite Krempe, eine schöne Hutschnur und manchmal Blumen oder Federn als Schmuckelemente. Genau wie unser Minihut sind übrigens auch die Originale oft aus Filz.

Mein Hut, der hat drei Ecken. Drei Ecken hat mein Hut.

1 Schneide aus einem ca. 20 × 10 cm großen Filzstück einen Halbkreis aus.

2 Falte den Filz einmal in der Mitte und klebe ihn zu einem Kegel zusammen.

3 Schneide einen ca. 15 cm großen Filzkreis in der Mitte ein und klebe den Kegel darauf fest.

4 Verziere den Hut mit einer Kordel und einem Filz-Edelweiß. Die Hutspitze kannst du nach Belieben eindrücken.

Witzige Wald-Wichtel

FRECHE FIGUREN AUS EICHELN

Material
Eicheln
Eichelhütchen
⚠ Flüssiger Kleber
oder Heißkleber
Zahnstocher
Äste
Schere
⚠ Handbohrer

In jeder Figur steckt Natur pur!

Im Herbst ist genau die richtige Zeit für diese Mini-Figuren, denn da fallen die Nussfrüchte von den Eichenbäumen. Natürlich dienen die Eicheln dem Fortbestand der Eichen und vielen Tieren als Futterquelle. Doch eine Handvoll Eicheln zum Basteln geht sich immer aus.

1

Entferne die Hütchen der Eicheln. Bohr vier Löcher und klebe die Äste als Arme und Beine hinein.

2

Für die Füße verwendest du die Hütchen oder halbe Eicheln. Klebe sie mit der Heißklebepistole an die Beine des Männchens.

3

Für den Kopf klebst du nun vorsichtig eine weitere Eichel mit Hütchen auf den Rumpf.

4

Kleine Details oder Haltungen der Figuren sind nun ganz deiner Kreativität überlassen.

Hu-huhu-huuuuu!

EIN KUNTERBUNTER EULENKRANZ

Material
15 leere Walnusshälften
Karton
Flüssiger Kleber
Tonpapier
Schere
Locher
Nadelzweige

Dieser feine Kranz schmückt jede schöne Tür

Lautlos verhalten sich Eulen in der freien Natur. Mit ihren scharfen Augen haben sie immer alles gut im Blick. Bei unserem Eulenkranz schauen uns gleich 30 Augen gespannt entgegen.

Walnüsse gelten als besonders gesund, also lass sie dir gut schmecken!

1

Schneide aus Karton einen ca. 16 cm großen Ring aus und klebe die Nusshälften schön im Kreis auf. Nimm dir zum Zeichnen des Kreises einen Zirkel oder einen kleinen Teller zur Hilfe.

2

Die Augen kannst du entweder aufmalen oder mit dem Locher aus Tonpapier ausstanzen und aufkleben.

3

Den Schnabel und die Flügel schneidest du aus buntem Tonpapier aus.

4

Zum Schluss schneide die Nadelzweige zurecht und klebe sie dekorativ zwischen die kleinen Eulen.

Sammle für diese Burg einfach fleißig leere Küchen- und Papierrollen.

Bärenstarke Bastelburg

EIN KLEINES BAUWERK AUS PAPIERROLLEN

Material
Papier- &
Küchenrollen
Farbe
Pinsel
Schere
Kleber
Tonpapier
Tasse
Stifte
Moos

Eine Ritterburg ist doch der beste Spielplatz.

In Niederösterreich gibt es sehr viele Burgen. Das sind groß angelegte Befestigungsanlagen aus dem Mittelalter. Bis heute haben sie nichts von ihrer Faszination verloren. Mit wenigen Materialien bauen wir heute unsere ganz eigene Ritterburg.

1 Kürze die gesammelten Papierrollen auf unterschiedliche Größen. Schneide kleine Burgzinnen aus den oberen Rändern.

2 Bemale die Burgtürme mit grauer Farbe und klebe Fenster aus Tonpapier auf. Nun schnapp dir das rote Tonpapier.

3 Zeichne mithilfe einer Tasse Kreise auf. Schneide sie aus und bis in die Mitte ein, damit du sie zu Kegeln zusammenkleben kannst.

4 Fertig sind die Turmspitzen. Zum Schluss klebst du die Türme zusammen und dekorierst deine Burg noch mit Moos.

Flatternde Fledermaus

KLEINER ZAPFEN-VAMPIR

Material
Zapfen
Tonpapier
Flüssiger Kleber
Wackelaugen

Wer schwirrt denn da durch die Dunkelheit?

Kopfüber hängen sie gemütlich in Bäumen, in Höhlen oder auf Dachböden. Sie schlafen am Tag und sind dafür nachts wach. Daher wirst du Fledermäuse nur sehr selten antreffen, außer du bastelst gleich eine.

Mit mehreren Fledermäusen könntest du ein feines Mobile basteln!

★ leicht   Halloween   Herbst

1

Schneide aus Tonpapier zum Zapfen passende Flügel aus und klebe sie auf.

2

Bringe Zähne und Ohren aus Papier an.

3

Zum Schluss braucht das Tier noch Augen. Fertig ist deine Fledermaus!

WISSENS-ECKE

FLATTERTIERE

Sie haben zwar keine Federn, besitzen aber trotzdem Flügel. Fledermäuse sind die einzigen Säugetiere, die fliegen können. Und ihr Name leitet sich von einer alten deutschen Form des Wortes „flattern" ab.

Mit unterschiedlich großen Kastanien hast du flink eine ganze Igelfamilie beisammen.

Fixe Igel

SUPERGLATTE STACHELTIERE

Material
Kastanien
Schwarzer Filzstift
(wasserfest)
Weißer Filzstift
(wasserfest)
oder Pinsel
& weiße Farbe

So hast du „Familie Igel" im Nu selbst gemacht!

Igel sind sehr nützlich im Garten, denn sie suchen dort in der Dämmerung und in der Nacht ihre Nahrung. Dazu gehören Käfer, Heuschrecken, Raupen und Schnecken. Keine Sorge, diese süßen Kastanienigel bekommen keinen Hunger.

1

Sammle einige Kastanien in der Natur und reinige sie gründlich.

2

Male mit einem schwarzen Filzstift das Gesicht und die Beinchen auf.

3

Zum Schluss bekommen die Igel noch ganz viele Stacheln mit einem weißen Filzstift oder einem Pinsel mit weißer Farbe.

WISSENS-ECKE

STACHELIGEL

Droht Gefahr, dann rollt sich der Igel blitzschnell zusammen. Dann sieht er wie eine Kugel aus, die überall Stacheln hat. Ist die Gefahr gebannt, kannst du sein Gesicht, seine Pfoten und sein Bäuchlein wieder sehen.

wer singt lauter?

EIN PAPIERSACKERL WIRD ZUR HANDPUPPE!

Material
Tonpapier
Papiersackerl
Stifte
Schere
Kleber

Cool – jetzt wird Musik gemacht!

Aus einem Papiersackerl einen neuen Spielkameraden basteln? Kein Problem! Wenn du möchtest, kannst du gleich einen ganzen Chor basteln, dann können deine Geschwister oder Freunde auch mitspielen und das Konzert wird schön laut!

Gestalte jede deiner Puppen mit einer anderen Frisur oder auch mal mit Zähnen. Das wird eine lustige bunte Truppe!

1

Zuerst zeichnest du Haare, Mütze, Shirt, Tuch, Ohren, Augen, Nase und Lippen auf unterschiedlich farbigem Tonpapier auf und schneidest sie aus.

2

Anschließend klebst du alle Teile auf das Papiersackerl. Achte darauf, dass sich die Öffnung unten befindet. Mit Stiften malst du dann weitere Details auf.

3

Schneide den Mund aus und klebe ihn in die Falte des Sackerlbodens. Los geht's! Jetzt kann dein Sängerknabe gleich den Mund aufmachen und singen! Do re mi ...

WISSENS-ECKE

WUSSTEST DU, ...

... wer die Idee dazu hatte, dass die Wiener Sängerknaben auf ihren Matrosenanzügen das Wappen der Republik Österreich tragen sollen? Das war niemand geringerer als Walt Disney höchstpersönlich! Sein Vorschlag wurde seit **1961** umgesetzt. Seitdem tragen die Chöre als Aushängeschilder das rot-weiß-rote Wappen unseres Landes stolz auf ihrer Brust.

Probiere unterschiedliche Eulengesichter aus, bevor du dich entscheidest.

Schau genau!

DIESE EULEN MACHEN GROSSE AUGEN

Material
Kiefernzapfen
Filz
Münzen
Pfeifenputzer
Schere
Stift
Kleber

Mit Kiefernzapfen erschaffst du flott deine eigene Eule.

Schon bei den alten Griechen galt die Eule als Sinnbild für Weisheit. Mit großen Augen beobachtet sie lautlos ihre Umgebung. Schau genau hin, wie du in wenigen Schritten deinen eigenen schlauen Vogel basteln kannst.

1 Schneide mitilfe der Münzen schöne runde Augen aus. Auch Augenbrauen brauchst du noch.

2 Klebe die Augen samt Brauen auf. Jetzt kommt noch der orange Vogelschnabel dazu.

3 Weiter geht's mit zwei Flügeln, die du vorsichtig seitlich am Zapfen anbringst.

4 Forme zum Schluss zwei Füße aus Pfeifenputzer und klebe sie ebenfalls gut fest.

Heute kommt der Nikolaus ...

... HOFFENTLICH ZU UNS NACHHAUS!

Material
Klopapierrolle
Tonpapier
Schere
Stift
Kleber
Spieß
Goldenes Klebeband
oder Papier
Süßigkeiten & Nüsse
zum Befüllen

Der Bischof von Myra, der heilige Nikolaus, war das Vorbild für unser Nikolausfest.

Am 6. Dezember ist es endlich so weit, da klopft der Nikolaus an die Tür. In seinem großen Buch finden sich alle Informationen über die Kinder. Und wer brav war, wird mit dem Nikolosackerl belohnt. Da gibt es Nüsse, Mandarinen und sogar Schokolade.

Probiere auch den Krampus oder das Engelchen nachzubasteln.

1 Beklebe eine Klopapierrolle mit rotem Tonpapier und fixiere sie auf den ausgeschnittenen Schuhen.

2 Dann kannst du schon Gesicht, Hut, Bart und Haare ausschneiden und aufkleben.

3 Den Bart einschneiden und mithilfe des Spießes einrollen. Das Gesicht malst du am besten gleich anschließend dazu.

4 Zum Schluss die goldenen Details aufkleben und mit Nüssen und Süßigkeiten befüllen.

Im Ländle wird hervorragender Käse hergestellt, wie zum Beispiel der Vorarlberger Bergkäse.

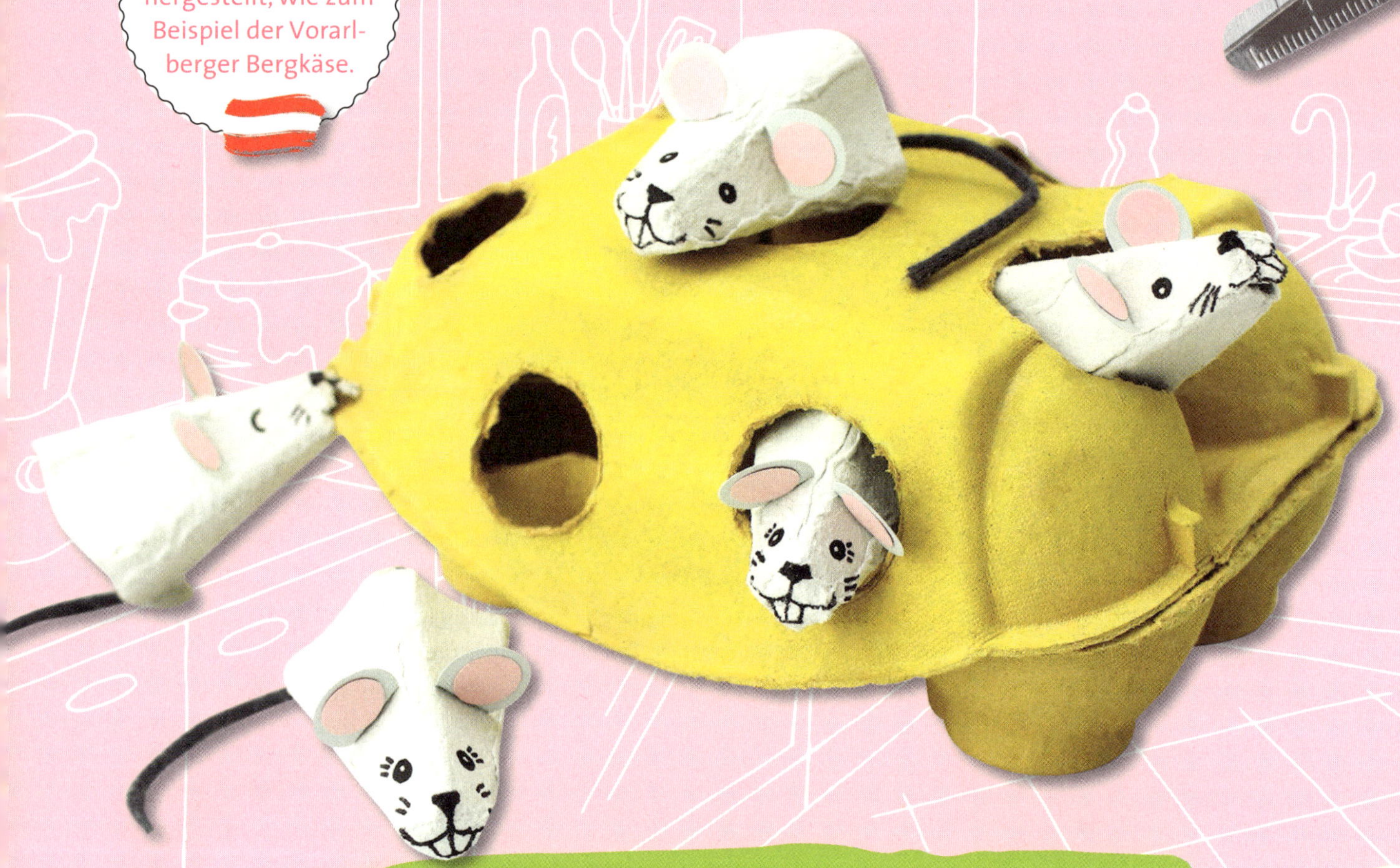

Mit Käse fängt man Mäuse!

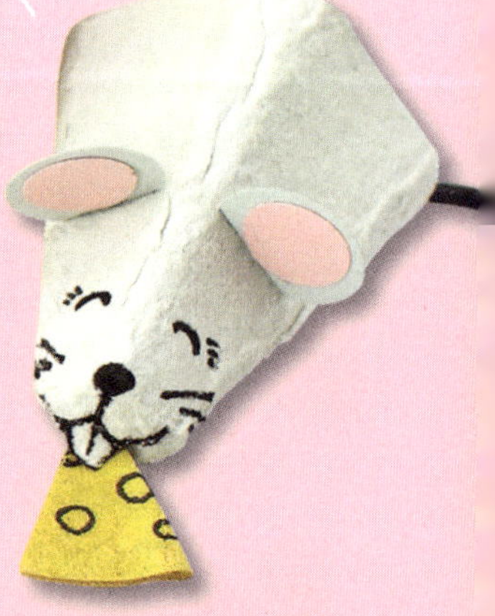

EIERKARTONS EINMAL ANDERS

Material
Eierkartons
Farbe & Pinsel
Nagelschere
Wollreste
Stift
Tonpapier
Kleber

Die Mäuse feiern ein köstliches Käsefest.

Der Käse riecht stark und genau das finden die Mäuse faszinierend. Sie wollen unbedingt wissen, woher dieser einzigartige Geruch kommt. Schwupp, schon haben sie die Quelle entdeckt und jetzt gehört er ihnen. Mahlzeit!

1

Nimm einen leeren Eierkarton und schneide
dort Löcher hinein. Am besten geht das mit einer
Nagelschere.

2

Bemale den Eierkarton mit gelber Farbe,
schon sieht er aus wie ein großes Stück Käse.

3

Schneide aus einem weiteren Eierkarton die
Kegel heraus. Aus Tonpapier klebst du runde
Kreise als Ohren auf.

4

Bringe ein Stück Wolle als Schwanz an und
schon kannst du die kleinen Mäuse in den Käse
stecken.

Wärmende Wichtel

ZAUBERHAFTE ZIPFELMÜTZEN-ZWERGE

Material
Alte Socken
Reis
Wolle oder Fellimitat
Schere
Holzperlen
Nadel & Faden

Diese Wichtelmännchen sehen nicht nur süß aus, sie können auch erwärmt werden.

In Märchen und Sagen kommen manchmal Wichtel vor. Von der Gestalt sind sie menschenähnlich, aber deutlich kleiner. Bastle dir deine eigenen Fantasiewesen, die einen besonderen Trick beherrschen.

Der Reis speichert Hitze. Deshalb kannst du die Wichtel als Wärmekissen verwenden!

1 Schneide den vorderen Teil einer Socke ab, fülle trockenen Reis ein und binde den kleinen Sack gut zu.

2 Wickle Wolle um die Hand, knote sie zusammen und binde sie dann um die Socke.

3 Nun den oberen Teil der Socke schräg abschneiden, zusammennähen und über den Wichtel stülpen. An der Stelle, an der Bart und die Mütze aufeinander treffen, nähst du die Perle fest. Lass dir helfen.

4 Erwärme deinen Wichtel, indem du ihn für eine halbe Stunde auf eine warme Heizung legst.

Die meisten Ziegen gibt es übrigens in Oberösterreich!

Mähhh, Mähhh!

FRECHE KLOPAPIERROLLEN-ZIEGEN

Material
Klopapierrolle
Tonpapier
Wackelaugen
Filz
Schere
Kleber
Stift

Früher zählten Hausziegen neben Hunden und Schafen zu den häufigsten Haustieren.

Die männliche Ziege heißt Bock, die weibliche Geiß. Die Jungtiere werden Kitz, Zicklein oder Ziegenlamm genannt. Den Begriff Geißlein gibt es nur im Märchen, wie bei „Der Wolf und die sieben Geißlein". Bastle dir doch deine eigene Ziegenfamilie.

1 Biege den oberen Rand einer Klopapierrolle nach innen. Dann schneidest du Ohren und Hörner aus Tonpapier aus.

2 Für das Fell am Kopf und den Bart schneidest du zwei Streifen Filz mehrmals ein und stutzt sie zurecht.

3 Klebe Wackelaugen, Hörner, Ohren, Fell und Bart auf. Zum Schluss noch Nase und Mund aufmalen.

4 Schon ist deine erste Hausziege fertig und freut sich auf weitere Familienmitglieder.

Getupfte Glücksbringer

VERWANDLE STEINE IN MARIENKÄFER!

Material
Runde Steine
Rote Acrylfarbe
Pinsel
Schwarzer Filzstift
(wasserfest)

Zu Silvester Marienkäfer zu verschenken soll Glück im neuen Jahr bringen!

In Österreich ist die bekannteste Art der Marienkäfer knallrot und hat schwarzeTupfen. Diese Käfer haben sehr wenige Feinde, denn die grelle Farbe schreckt die meisten ab. Aber uns gefällt das Tupfen- und Farbenspiel richtig gut!

1 Wasche die gesammelten runde Steine gut und trockne sie dann ab.

2 Nun kannst du sie mit der roten Farbe flächendeckend bemalen und trocknen lassen.

3 Mit dem schwarzen Stift malst du dann den Kopf und den Umriss der Flügel auf.

4 Zum Schluss kommen nur noch die Punkte darauf. Fertig ist dein Glückskäfer!

Gloriette, sehr nett!

EINE ANSICHTSKARTE AUS WIEN

Natürlich kannst du den Himmel auch blau mit weißen Wolken malen.

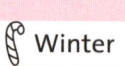

Material
Dickes weißes A4 Papier
Schwarzes Tonpapier
Kleine Schere
Wasserfarben & Pinsel
Kleber
Bleistift
weißer Stift
Lineal

Post aus Wien von der wunderschönen Schönbrunner Gloriette.

Als Gloriette wird ein offener Gartenpavillon, also ein frei stehendes, allseitig offenes oder zu öffnendes Gebäude, in einem barocken Park bezeichnet. Als eine der schönsten blickt es von einer Anhöhe über das Schloss Schönbrunn. Und im Sonnenuntergang strahlt sie noch beeindruckender.

Schnitt-vorlage auf Seite 123

1 Halbiere ein A4-Papier der Länge nach und male mit Wasserfarben einen schönen Sonnenuntergang.

2 Für die Grundform der Gloriette zeichnest du 3 Rechtecke zu je 9 × 5 cm, 9 × 6 cm und wieder 9 × 5 cm nebeneinander auf. Schneide, kleine Fenster und die Figuren am Dach vorsichtig aus.

WISSENS-ECKE

3 Klebe die Gloriette auf den gemalten Sonnenuntergang. Nun kannst du sie falten und mit Grüßen versehen.

WUSSTEST DU, …

… dass die Gloriette im Schlosspark Schönbrunn die größte Gloriette der Welt ist? Vielleicht frühstückte Kaiser Franz Joseph I. deswegen so gerne dort. Der Blick auf das Schloss und die wunderschöne Gartenanlage ist auf jeden Fall unverwechselbar und auch heute noch ein Highlight für viele Besucher aus aller Welt.

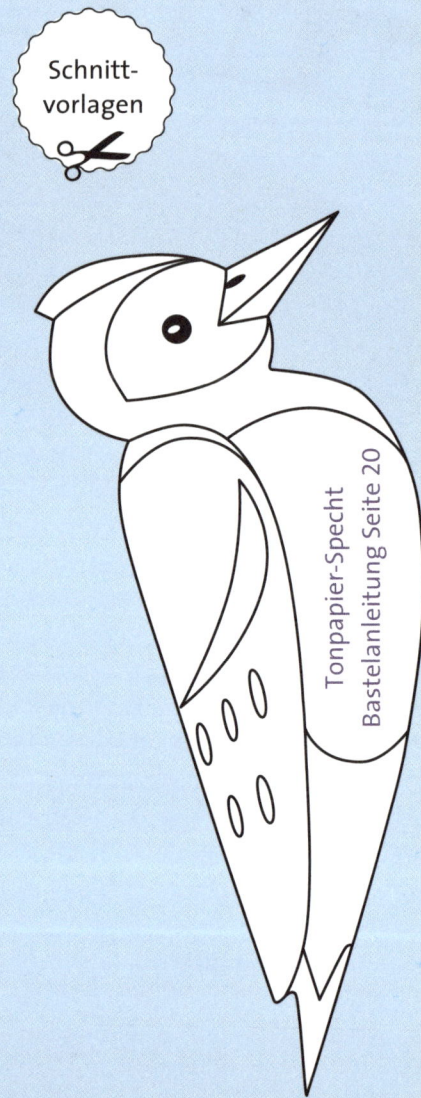

Schnitt-vorlagen

Tonpapier-Specht
Bastelanleitung Seite 20

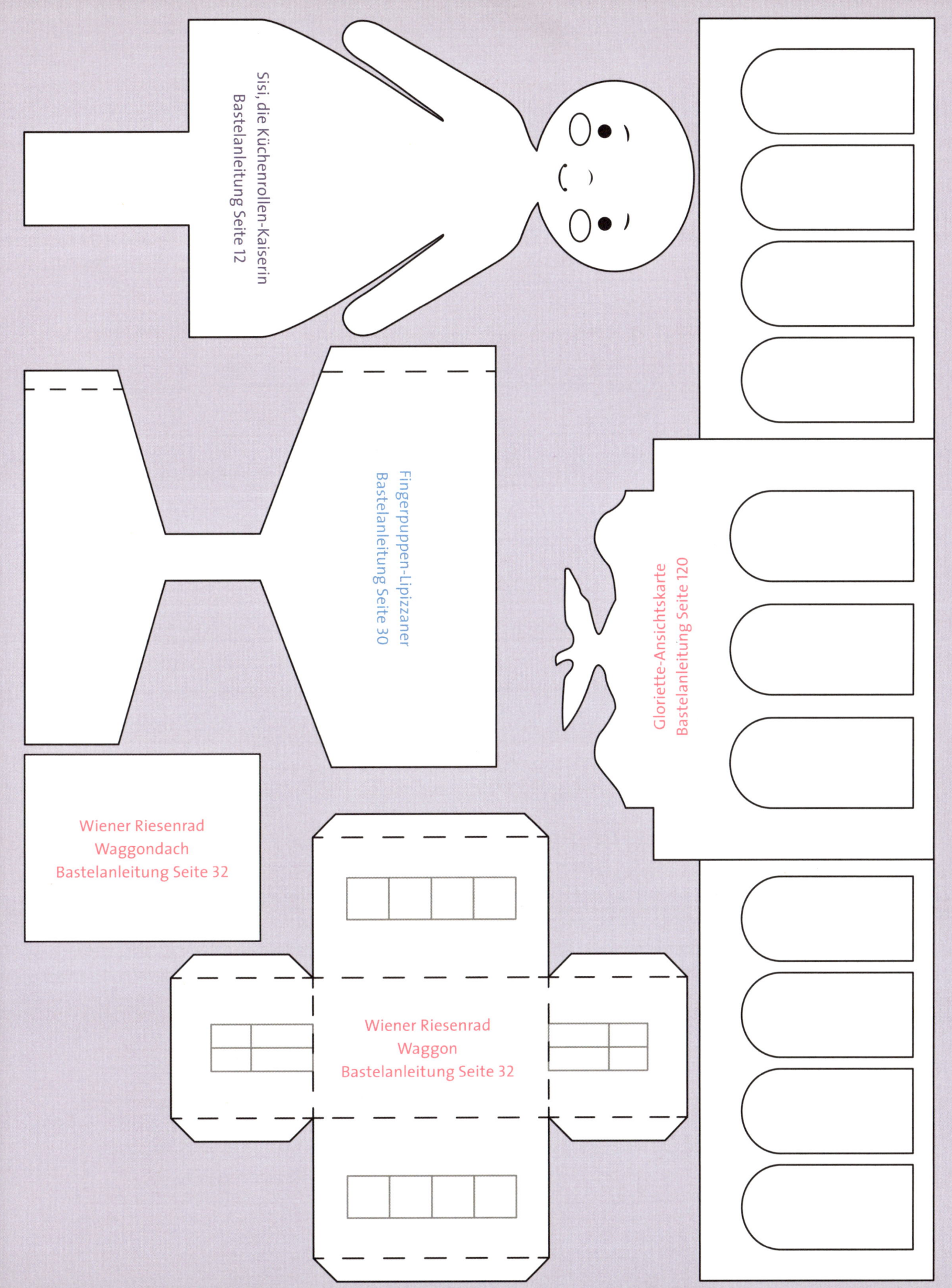

Sisi, die Küchenrollen-Kaiserin
Bastelanleitung Seite 12

Fingerpuppen-Lipizzaner
Bastelanleitung Seite 30

Gloriette-Ansichtskarte
Bastelanleitung Seite 120

Wiener Riesenrad
Waggondach
Bastelanleitung Seite 32

Wiener Riesenrad
Waggon
Bastelanleitung Seite 32

Notizen

www.ggverlag.at

ISBN 978-3-7074-2502-4
In der aktuell gültigen Rechtschreibung

1. Auflage 2022

www.familyentertainment.at
Konzept und Texte: Steiner Familyentertainment
Robert Steiner, Melanie Steiner, Florian Falb und Dagmar Krause
Grafik: Dagmar Krause

Gedruckt in Europa

Bastle dich durch ÖSTERREICH

SACHEN MACHEN

Seite 72

Seite 94

DEUTSCHLAND

Salzburg

LIECHTEN-STEIN

Bregenz
VOR-ARLBERG

TIROL

Innsbruck

SALZBURG

SCHWEIZ

ITALIEN

Seite 112

Seite 52